फिर से मिलेंगे..

विरह के

AF623905

सुशांत शेखर

BookLeaf Publishing
India | USA | UK

Made with ❤ on the BookLeaf Publishing Platform
www.bookleafpub.in
www.bookleafpub.com

समर्पित उन सभी को,

जिन्होंने विरह के बाद भी जीना सीख लिया है।

Acknowledgement

आभार उन सभी का,
जो अब तक मिले हैं,
जिनकी अलग-अलग भावनाओं ने मेरी आत्मा को छुआ है,
और आभार उन सभी का भी, जो आगे मिलेंगे।

क्योंकि भावनाओं के अनगिनत आयाम हैं, जो अब तक हमसे अपरिचित हैं।

Preface

आप सभी का तहे दिल से शुक्रिया, जिन्होंने अपना कीमती वक़्त निकालकर मेरी इस छोटी सी कोशिश के पन्ने पलटे। इन पन्नों में जो भी लिखा है, उसमें कला जैसी कोई बात नहीं, न ही कविता जैसी कोई चीज होगी। जो मिलेगा, वो बस भावनाएँ हैं, निचोड़ है, मेरे अंतर्मन का साक्षात्कार है, जो उम्र के अलग-अलग हिस्सों से निकलकर आया है। और हाँ, यह ताज्जुब की बात भी है कि जो मेरे करीब रहे, जो मुझसे जुड़े रहे, उनसे जब भी मैंने अपना मन साझा किया, तो उनके मन में भी कुछ ऐसा ही पाया।

फिर बस, मिलती-जुलती बातों को शब्दों में उतार लिया है, यही सोचकर कि आप भी इन शब्दों में अपने मन को पाएंगे, पढ़ते हुए रुकी हुई खामोशी से निकलकर, आगे की यात्रा पर निकल पड़ेंगे।

सुशांत

कितनी शिकायतें

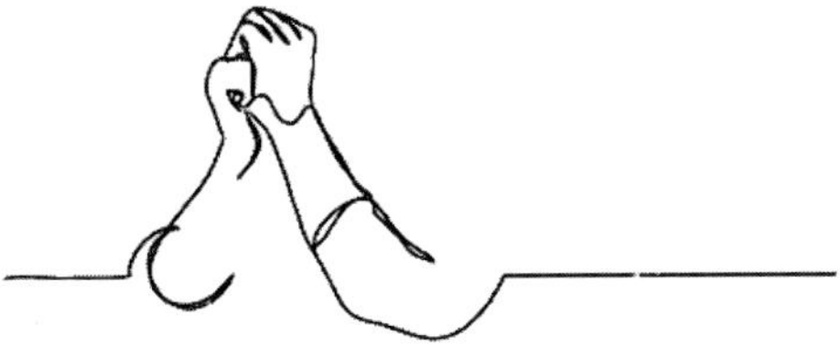

ऐ उम्र, है शिकायतें तुझसे,
क्या ही रफ्तार पकड़ ली तुमने, सांस लेना भी भूल गये।
अनकहे किस्से जेहन में दब गये,
अनकहा-अनसुना बहुत सा रह गया।
बहुत पुकारा भी तुम्हें, रुकने को कहा कई चौराहों पे,
तुम्हारे पहिए थे कि कभी थमते ही नहीं।

किस्से जो हकीकत की जुबान बोलते,
दबी पुरानी यादों को मन के कैनवस पर उकेरते,
सुनना-सुनाना दोनों होते, इन्द्रधनुष के रंग समेटे-बिखरते।

ऐ उम्र, तुम्हारी रफ्तार जो थोड़ी धीमी होती,
एक ख्वाब था जिसे जी लेता,
नज़रों से पी लेता,
आवाज़ देकर बुला लेता और,

बगल में बिठा कर करता ढेरों बातें,
बातें जिनमें कोई रोक-टोक न होती,
बस मैं और मेरा वो ख्वाब होता।

ऐ उम्र, तुझसे उम्र भर की शिकायत तो रहेगी,
काश... तुम्हारी रफ्तार कभी तो थमती।

यकीं मानो जिंदा हो तुम

बंद कमरे में, अलसाया नहीं, थका हुआ वो,
आंखें मूंद कर तैरता रहा बीती बंजर यादों में,
पिछली बार धूप कब देखी थी?
हाँ, देखी तो थी आज सुबह भी,
पर महसूस कब किया था?

देखना और महसूस करना,
दो अलग-अलग बातें हैं।
एक छिछला है, दूसरे में गहराई है।
हाँ, ये सही होगा कहना,
कब डूबा था?
इस गहराई को टटोला कब था आखिर?

सांस में हवा का जाना,
अचानक से बंद हो आया,

वो बाहर निकल आया,
गहरी सांसें ली,
कुछ दूर चला तो,
कुछ अलग सा खुद को पाया।

लगा, हाँ, कुछ बाकी बचा है अंदर,
शिथिल पड़े अंतर में,
कुछ तो है जो तड़प रहा।

नज़रें फेर बगल से,
देखा उसने आकाश,
और उसका अंतहीन नीलापन,
फिर खुद से बुदबुदाया,
"यकीन मानो, जिंदा हो तुम।"

अभी काम बाकी है !

तुम आगे निकलो,
मुझे अभी ज़िंदगी बनानी है।

घर की दीवारें ढह रही हैं, नई बनानी है,
जड़ें हिल गई हैं, फिर से जमानी हैं।

कड़वा है, पर सच है,
मेरी पिछली पुश्तें मजबूरियों में पिस चुकी हैं,
सब कुछ खो चुके वो,
ऐसा कुछ बचा नहीं कि और गवा सकें।
अब यही तो सच है मेरे आगे।

मुझे जुटाना है, संजोना है,
फुरसत नहीं मिल रही कि तुमसे रुकने को कहूँ,
तुमसे कुछ कहूँ—तुम्हारी सुन सकूँ।

ऐसा करो,
तुम आगे निकलो, मुझे अभी ज़िंदगी बनानी है...

थक चुका मैं, खोखली कहानियों से,
गाल बजाते रिश्तेदारों से,
बचे खानदानी शून्य के अभिमान से,
अर्जुन सा गर्व कहाँ से लाऊँ,
जब कर्ण सी किस्मत है,
तिस पर आरंभ भी कवच-कुंडल विहीन है।

किस्मत की मार कहूँ, वक़्त की दरकार कहूँ,
नाशुक्रा खाली टप्पर सी सपाट ज़िंदगी मिली है,
घास उगानी है इस पर, पौधे भी लगाने हैं,
क्यारियाँ-बाग-फूल, न जाने कितना सब करना है।

पर अभी फिलहाल;
यार, तुम आगे निकलो,
तुम्हारा आसान है रास्ता, तुम्हारी कोई और ही कहानी है,
हो सके मैं गलत हूँ, पर जाओ तुम,
मुझे अभी तिनका-तिनका ज़िंदगी बनानी है।

तिल-तिल कर सपनों को भूला है मैंने,

पहले जुटाना, फिर सजाना है,
तब तक देर लगेगी,
मुझे रुकना होगा यहाँ,
फिर कहीं और भी जाना होगा।

तुम.. आगे निकलो,
बातें करूंगा तो तुम भी रुक जाओगे,
तुम आगे निकलो,
बहुत काम बाकी है, ज़िंदगी अभी बनानी है।

आओ कुछ भूला याद करा दूँ

तुम सुनोगे तो कहूँ,
बातें बस दो-चार करूँ,
उन बातों में हैं जो भूला-बिसरा,
थोड़ा सा उसे याद करा दूँ।

पहले, सुबह की बात करूँ,
तुम्हें ख्यालों से मुंह-अंधेरे उठाऊँ,
सूरज की किरणों के साथ तुम्हें,
घास की पगडंडियों पर ले जाऊँ,
अब बताना, पैरों को गीली करती ओस तुम्हें याद है?

बागों में जाना कभी तो फूल मिलेंगे,
कितने रंगों के थे वो सब,
वो भी तो भूल गए हो अब,
उन पर खेलती तितलियाँ, तो तुम्हें याद है?

अच्छा छोड़ो! चलो कोई पुरानी किताब निकालो,
पलटो उसके पन्ने,
दशकों पुरानी वाली गंध उसकी,
और उसमें छिपाया था जब गुलाब;
क्या वो तारीख तुम्हें याद है?

सिगरेट तो छोड़ दी होगी,
हाँ, ये भी है कि लत कहाँ थी तुम्हें,
सिगरेट ही पकड़ के ले जाती थी तुम्हें,
पुराने पुल पर और वो लहरों का शोर... याद है?

दिन-रात सिमट गए हैं बंद कमरों में,
दीवारों से नाता गहरा कर लिया है,
बारिश खिड़की से देखा करते हो अब,
याद है भीगते हुए इन्हीं बारिशों में,
आखिरी बार साइकिल चलाई थी कब?

देर शाम अब कहाँ होती है,
अब शायद सीधा रात हो जाती है,
वो शाम वाले खेल के मैदान और
उनमें उठती आम के मंजर वाली गंध!
वो गंध याद है?

रात को नींद में बुझा खुद को,

सो जाना,
पर उन्हीं रातों में जुगनू भी हुआ करते थे कभी,
वो अब भी तुम्हारी आँखों में टिमटिमाते हैं?

अब मैं ही कहाँ तक याद करूँ,
तुम्हारी ही बातें कितना कुछ मैं ही बताऊँ,
फुरसत में रहो कभी तो और याद करना,
और मुझे भी बताना,
बाकी क्या सब तुम्हें याद है।

अंतर आकर्षण और प्रेम का

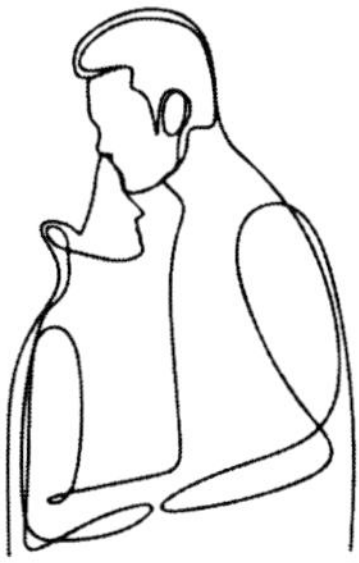

आकर्षण उत्साह है, उल्लास है,
उत्सव है,
प्रेम धीर-गंभीर और उदास है।

आकर्षण मौज है लहरों की,
उन्मुक्त हवा है, तूफान है,
प्रेम झील है, जो गहरी,
इसमें स्थिरता है, ठहराव है।

आकर्षण बदलते मौसम सा है,
गर्मी-बारिश-शीत लहर का है आना-जाना,
प्रेम का अस्तित्व है,

वो धरती सा है और आकाश है।

आकर्षण में ढेरों हैं बातें,
जितनों को मालूम, उतना कम है,
प्रेम में चुप्पी है, खामोशी है,
आंसू हैं, और खुद को ही मालूम है।

आकर्षण में भूख है, बेखबर नींद है,
खुद की सजावट है,
प्रेम भूख निगलता है, रतजगे कराता है,
तकियों को भिगोता, बेसुध होश खोता,
इंतजार के दिन गिनता है।

आकर्षण में सिर्फ पाना है, छूना है,
लिपटना है, आकर्षण गर्व है, अभिमान है,
प्रेम में छूटना है, समर्पण है,
वेदना है और तिरस्कार है।

मन का मिलन बस प्रेम ने ही जाना है,
कुछ बातें कर लेने में,
कुछ देर देख लेने में,
प्रेम का संसार है,
पर यहाँ सिर्फ समर्पण, वेदना और तिरस्कार है।

एक 'अनजान' के लिए

अपना सा लगता है मुझे,
जो कोई भी तुझसे जुड़ा है,
फिर भी मैं अधूरा हूँ,
जो तू ही मुझे अजनबी समझता है।

मेरी कोशिशों के तमाम किस्से,
तुझसे मिलने के, तुझसे बात करने के,
ये जानता हूँ मैं ही, तुझसे बताया करें ही क्यों कोई,
और तू है कि मुझसे अनजान सा रहता है।

तुझसे जुड़ा हर शख्स,
मुझे करीब लगता है,
हर वक्त ख्याल है यही,

है इनमें से कोई,
जो मेरे ख्यालों को तुझसे बांटता है।

हंसी आती है खुद पे,
कितने ही सपने देख डाले हैं,
क्यों करें मेरी बातें कोई तुझसे यूँ ही खामख्वाह,
नादान सा मन मेरा,
अनजान की खातिर,
ख्यालों के दर्द संभाले जीता है।

कैलेंडर की कील

कैलेंडर वाली कील सी तुम्हारी बातें,
मुझे याद हैं वो बातें, दो-तरफा तो नहीं थीं,
तुमने कही थीं, मैंने सुनी थीं,
और गांठ से बांध ली थीं।

गांठ अब भी बंधी है,
दिल-दिमाग में गहरी हो चली है,
वैसे तो समय भुला देता है सब कुछ,
पर वो गांठ और भी सख्त हो चली है।

साल बदलते रहे हैं,
साल-दर-साल कैलेंडर बदल गए हैं,
पर बातें जो तुमने कही थीं,
कैलेंडर की कील सी,
उसी एक जगह अटकी पड़ी हैं।

दसियों कैलेंडर बीते इन सालों में, बदल गए,

कितनों के पन्ने फटकर बिखर गए,
कुछ किताबों की जिल्द बन गए,
एक-आध दराजों में भी पड़े हैं,
पर तुम्हारी बातें तो कैलेंडर की कील थीं,
मेरे मन की दीवार में, एक जगह जमी पड़ी हैं।

तुम्हें क्या पता, कि तुमने बोई थीं,
उस वक़्त जो तुमने कही थीं,
जड़े जम चुकी हैं उनकी,
अब पूछना मुझसे, इतने बरस क्या किया,
उन बातों को जो सींचा था इतना,
उन पे कोपलें फूट आई हैं।

कुछ दिनों बाद समझा था मैंने,
तुम्हारी वो 'यूं ही' कही चंद बातें,
वो कैलेंडर वाली कील थीं,
वो मेरे मन के पौधे का बीज थीं,

अब कभी मिलना मुझसे,
बोलना मत कुछ देर,
बस पढ़ना मेरी निगाहों को,
जान जाओगे तुम भी,
तुम्हारी बातें कैलेंडर वाली कील थीं।

वो बस 'यूं ही' कहीं तुम्हारी बातें...

बरसों की खामोशी

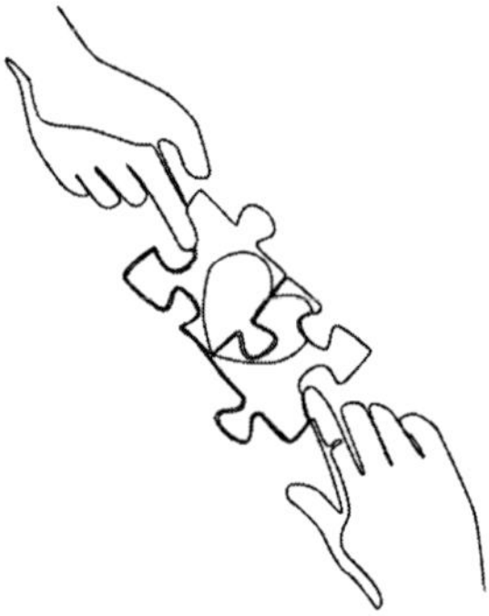

हम कब तक यूं खामोश रहें,
बरसों पुरानी याद लिए,
मन की दीवारों में शोर बहुत है,
हम कब तक यूं ही चुपचाप रहें।

तब भी कहा था न कुछ,
अब भी तो दस्तूर पुराना निभाते रहें,
न जाने हम कब तक यूं खामोश रहें।

हम तुम यूं जो खामोशी निभाते रहें,
है क्या कोई पल तुम्हीं ढूंढो न,
जिसमें ज़बान हमारी बोल उठे?

बेमतलब ही सही, सिलसिला बातों का कब से
चलाएं,

वो जो दबा रहा, बरसों की धूल जम आई है,
तुम्हीं जानो, कौन सी हवा उसे उड़ाए।

आगे भी न बोल पाए हम तो;

हो कुछ भी, खामोश ही जीते रहेंगे,
पर मतलब तुम्हारी खामोशी के,
अब और हमसे न निकला करेंगे।

वक़्त से आगे था पर

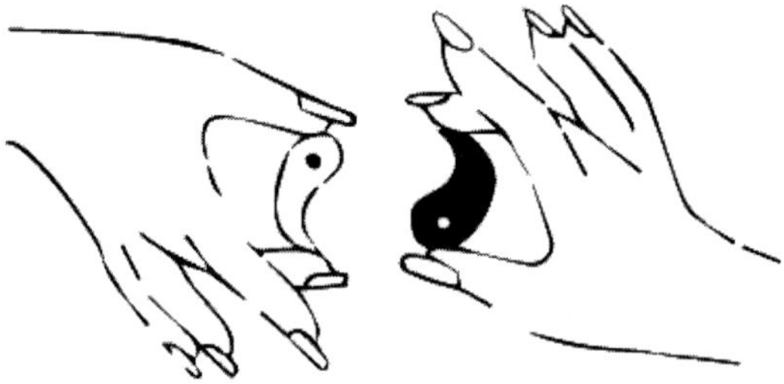

वो जो वक़्त से आगे था,
उसे भी नहीं था पता,
उसने जो भी जिया,
सब वक़्त से आगे था।

उसकी सोच, उसके एहसास,
दोनों में फर्क थे,
सोच आज में जीती थी,
एहसास उसके थे निराले,
जो मन ही मन उसने जिया,
वो सब वक़्त से आगे थे।

फिर एक दिन!

अपने 'अर्ध' को पा कर सामने,
वक़्त से आगे फिर वो निकल आया,

वो सब उसने जी लिया जो उसकी सोच ने,
कहाँ था अब तक पाया।

पर

‘अर्ध’ से पूर्णता की याचना,
चाह कर भी वो न कर पाया,
‘अर्ध’ जिसे माना था उसने,
वो कहाँ सोचता कितना कुछ,
उसने तो बंधनों को ही अपना ‘हार’ माना।

अपूर्ण-अविराम जीवन में वक़्त के आगे,
एहसास उसके दबे रहे,
सोच के बंधन में जकड़ा,
अपने ‘अर्ध’ से पूर्ण न वो हो पाया।
“अर्धनारीश्वर” की कल्पना,
यथार्थ थी पुराणों में मात्र,
कृष्ण से राधा का प्रेम,
था एक संयोग मात्र।

वक़्त बीतें और विस्मित सा वो,
वक़्त के साथ अब जी रहा था,
कि एक दिन अपने अर्ध को,
फिर से सामने पाकर,
मौन से भी मौन था वो,

पर मन तो उसका कर रहा था याचना।

और एहसास तो कहीं बीते वक़्त में ही ठहर गया था,
वो एहसास पलकों की नमी से धुल रहा था,
पर आज क्यों उसका 'अर्ध' भी मन ही मन रो रहा था।

विलोप

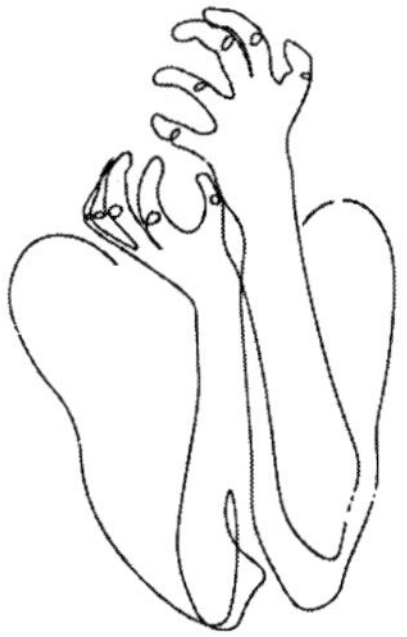

परिचित होना, बातों को कहना,
सुनकर सोचना, ये सब करते रहना,
मिलना-जुलना, हंसना और मन करे तो थोड़ा
रोना,
भाव अलग-अलग, सब जीतें चलना।

क्यों?

सोचकर देखा है मैंने, जन्मों के अगर चक्र हैं तो,
कहाँ पिछ्ला याद है, विस्मित हूँ अगले में भी,
कहाँ अब का याद रहेगा।

और केवल यही एक जन्म हुआ तो,
पूर्ण विराम है फिर तो!

तभी,

मृत्यु-बोध में ही जीवन है,
आयाम कई, पर समय कम है।

इसलिए,

बातें थोड़ी हों, पर उनमें 'हम' सा कुछ खोज लेना,
बातें न हों तो, नज़र भर के याद रख लेना,
आगे तो जन्म का मिट जाना है,
सब आखिर में विलोप हो जाना है।

मशवरा

आदतन है मशवरा देना एक गमजदा की बातों में,
सुनने की आदत नहीं है, और
जल्दी है मशवरा देने की हालातों-ज़िंदगी में।

आज है कि वो मशवरा देने की देर में नहीं हैं,
और पीछे जो हालात हैं, उनके ऊपर वो हंसीं रहे हैं।
आज जो दे रहा है, कल उसे भी तो सुनने हैं,
लोगों के तमाम मशवरे।

अजी, मशवरा का क्या,
बस बातों का पुलिंदा है,
हकीकत को बदलने की कुव्वत कहाँ है।

मशवरा ही है न, ताख पर रखो,
फितरत से जो भी हुआ है,

उसे ले अपने हथेली पर,
सुकून के फ़ाहे बना कर उड़ा डालो।

मशवरा चंद लफ़्ज़ों में कैद है,
उसे जाने दो,
तुम हालातों-बयां ही बदल डालो।

‘खोना’ जरूरी क्यों

सिमट गए हम, ज़िंदगी वही है,
बोझिल बना लिए खुद को,
दिन और रातें वही हैं,
खुली आँखें जो हैं, सोईं।
दुनिया की रंगत वही है।

वक़्त के साथ महसूस होना,
कम हो चला, एहसास सारे वही हैं।
बंधी ज़िंदगी खूंटे से, खुलने को सिसकती है,
पर करवट फेरते हुए, नींद में होश खोती है।

बस पहाड़ों में, जंगल में, समंदर किनारे,
वो जिद्दी हवाएँ हैं जो बहती हैं,
जो बुलाती हैं बंधनों से जकड़े “मैं” को,
सिखाती हैं मुझे खो जाना क्या होता है।

पीछे छोड़ कर अपनी बनाई बेरंग दुनिया,

खोने में यहाँ खुद को पाना।
पहाड़-जंगल-घाटियों में खो जाना ही तो,
खुद से खुद को मिलाना है।

हाँ, जीते जी खोना और फिर पाना, जरूरी है।

झुर्रियां और मकान

मकानों को देखना गौर से कभी,
वो मकान, जिनमें रहते हैं कोई न कोई,
दिन को जागते हैं, रात को सोते भी हैं ये मकान,
जिनमें रहते हैं कोई न कोई।

सुबह की धूप सुखा देती है,
रात के ओस में भीगी दीवार को,
दोपहर तक रंगत बदलते ये मकान,
शाम को गुलजार होते हैं,
दरवाजों पर रोशन कई चिराग जो जलते हैं।

किसी चाँद वाली रात में,
पड़ोस की छत देखना अब जो,
बहती हवा में लहराते गीले कपड़े,
मानो ये मकान बात कर रहे,
बता रहे, इनमें सोया है कोई न कोई,

जो जगेगा तो जाग जाएंगे अहले सुबह,
ये मकान भी।

वही मकान जो खाली पड़ जाते हैं,
वक़्त नहीं लगता ज्यादा, बेरंग दीवारें लिए,
खामोशी से ढह जाते हैं।

खाली पड़े मकान और झुर्रियों वाले इंसान,
ढहते चले जाते हैं।

यही तो कहानी है मकानों की, झुर्रियों की।

जाहिलियत

साल दर साल मिलने का तरीका बदल रहा,
पहले मिलता था 'खुद' दूसरे से,
अब 'खुद' को एक-दूसरे पर थोप रहा है।

मिजाज हुआ करते थे नरम,
मिलना होता था गर्मजोशी से,
अब तो मिजाज ही गरम है,
और मिलते हाथ पड़ गए ठंडे।

कुछ ही बरस पहले,
देखा था, इबादतें अलग थीं पर,
इनायतें सब की थीं,
ये दूसरों को जाहिल कहने का चलन,
सरे-आम अब हो चला है।

एक दिन में नहीं हुआ ये,

बरसों की गुरबतें लगी हैं,
किनारों को पकड़ने का चलन,
ये दौरे-ए-जहां ही आ गया है।

बड़ी मेहनत लगी है जाहिल बनने में,
तभी एक-दूसरे से यहाँ नज़र फेर लिया जा रहा है,
और तभी,
जाहिलियत को निभाया जा रहा है।

चोट

उसके चेहरे को देखता हूँ,
रोज़ ही उसके दर्द पढ़ता हूँ,
दर्द पुराने जख्म के, मुस्कान से ढकती है वो,
पर उसकी भींचती आँखों से दर्द पढ़ ही लेता हूँ।

एक बार की चोट दर्द देर तक दे गई है,
देह चीरकर उसका अंतर्मन निचोड़ रही है,
और वो है कि आदतन झुँझलाकर,
मुस्कुरा रही है।

घाव पुराना लोग भुला गए,
पर दर्द का क्या करें?
हर रोज़ नया कोई पूछ रहा है,
वो दर्द हर रोज़ ही नया बन आ रहा है,
और अब तो उसने रोना भी भूल दिया है।

शुरू के दो-चार दिन तो ठीक थे,
लोगों ने ज़िक्र किया तो उसने जताया भी,
पर अब सब थका सा लगता है,
वो पुराना सवाल अब दर्द को बढ़ाता है।

वो और उसका दर्द,

अब इतने साथ रह चुके हैं,
सवालों से ज़्यादा,
वो और उसका दर्द,
दोनों ही अब साथ हो चले हैं।

पहाड़ वाली यारीं

वक्त-बेवक्त नहीं देखा है,
निकल जाना है यूं ही,
भीड़ को छोड़ पीछे तन्हा,
हम और दो-चार यार, निकल पड़े,
पहाड़ों की गूंज सुनने यूं ही।

ठिकानों का ठिकाना कोई नहीं,
जहां नज़ारे दिखे, मिलते जुलते मिजाज से हमारे,
वही रुक लिया, दो-चार घंटे रुककर,
कुछ और यार हमने बना लिए।

दो दिन का आशियाना, बना पहाड़ों को अपना,
खुद को खामोश करके, घाटियों का मौन सुना है।
बादलों के बीच लग रहा,
कितना रोमानी है सपनों सा उड़ना,

घिरना और बरसना।

भूल बैठे हैं हम,
पीछे छोड़ आए हैं एक बेहोश भीड़,
लग रहा हम बादलों का ही कोई हिस्सा हैं,
इन्हीं पहाड़ों से मिलता सा अपना कोई किस्सा है।

और फिर...

बिन बोले अपनी-अपनी कहानियाँ,
हम मुस्कुराते हैं,
और यही पहाड़ियों में उन्हें छोड़ जाते हैं,

वक्त-बेवक्त नहीं देखा कभी,
ऐसे ही पहाड़ों पे हम चले आते हैं।

मौत हंसती है यहाँ

मौत हंसती है यहाँ,
कोई जिंदा है कहाँ,
मेरे आने से पहले ही हर शख्स मुर्दा हो चला।

मौत सोच रही है,
मैं किसे ले जाऊं?
हर तरफ यहाँ श्मशान है,
चलती-फिरती लाशों का ये जिंदा जहां है।

सर पटकती मौत बददुआ दे रही है,
कैसे मरें जा रहे हैं सब मेरे आने से पहले,
मैं आई थी जिनको भी लेने,
वो तो कब के जा चुके।

सांस तो चल रही है,

'भाव' सबके सूख चुके,
हाँ, व्यापार वाले भाव पल रहे हैं,
नश्तर सी चुभती बात जबान पर,
खंजर घोंपे हैं जो भी जिससे जब मिले हैं,
जिंदा जहां जहन्नुम जैसा लग रहा है,
मौत सोच रही है, मेरा कोई काम ना रहा यहाँ।

इसी जहां में कभी हर शख्स गुलाम था,
मौत ने कहा था दुआओं से,
जा, मेरे आने से पहले बेड़ियां तोड़ के आ,
मेरे आने से पहले जहां को उसका हक दिला आ,
जी लेने दे इस जहां को सांस भर कर,
प्रेम-पुरुषार्थ-स्त्रीत्व के गुणों से सज कर।

पर मौत है कि अब हंस रही है,
सर पे हाथ धरे सोच रही है,
मेरा अब क्या काम रहा?
जिंदगी का नामों-निशां ना यहाँ,
मैं यहाँ से किसे ले जाऊं?
यहाँ का जिंदा शख्स भी, है मरा पड़ा।

गहरी बातें

बातें हमेशा गहरी ही होती हैं,
छिछली फिर वो बातें नहीं रहतीं।
बातें हमारी जेहन की गंध हैं,
बातें हमारा अंतर्मन हैं,
छिछली बातें कहां होती हैं?
वो बस हवा में तैरती-खोती आवाजें हैं,
दीन-हीन-क्षीण सी आवाजें,
जो अस्तित्व-विहीन होती हैं।

जिन्हें हल्की-फुल्की बातों का नाम देते हो,
क्षण भर को सही, मुस्कान देती हैं,
दुख के तार थामती दवा सी वो बातें गहरी होती हैं।

ऐसे भी छिछला याद कहां रहता कुछ,

गहराई में खो जाता है,
बातें याद रहा करती है,
बातें हमेशा गहरी ही होती हैं।

बातों में जिक्र आता है,
जिक्र से खुलती हैं जुबानें,
जुबानों से निकल आती हैं वो,
कुछ बातें ऐसी ही,
जो संजोई गई हैं बरसों तक,
निकल आती हैं, अमिट मन पर छप जाती हैं।

अब जो बातें करना,
बातों-बातों में गौर करना,
बातें बड़ी ही गहरी होती हैं।